LE MONDE PHOTOGRAPHIÉ

ITALIE

LA VILLE DE NAPLES

PAR

M. de ROCOURT

PARIS

N.-J. PHILIPPART, LIBRAIRE-ÉDITEUR

4, rue Honoré-Chevalier

LA VILLE

DE NAPLES

PAR

Jules de ROCOURT

PARIS

N.-J. PHILIPPART, ÉDITEUR

4, RUE HONORÉ-CHEVALIER

1863

LA VILLE ET LE GOLFE DE NAPLES

N.-J. Philippart, éditeur. De Torbechet, Allain et Cie, phot.

LA VILLE

DE NAPLES

Qui voyageait il y soixante années ? Quelques-uns privilégiés de la fortune, amants de la science et de la nouveauté. Après, vers 1820, lorsque l'Europe fatiguée se reposait des guerres qui l'avaient agitée, on voyagea plus ; mais ces loisirs ne semblaient appartenir qu'à une certaine classe. Qui voyage aujourd'hui ? Tout le monde !

Après l'empire, souvent toute une rue des quartiers aristocratiques de Paris s'éveillait en émoi au bruit du piétinement des chevaux, au son des grelots de cuivre ; on entendait des voix pressées commander, des jurons retentir; puis on voyait, sur une lourde berline aux doubles ressorts, s'entasser malles, coffres et cartons; enfin une famille entière s'engouffrait dans le véhicule, un homme, le père, le chef, montait le dernier et, avec un indéfinissable sentiment de puéril orgueil, laissait tomber ces mots sonores : « Postillon, route d'Italie !!! »

La figure joviale du postillon s'éclairait, pressentant doubles guides ; son fouet sillonnait l'air d'alentour de ses zigzags répétés, les claquements éclataient et les vitres du voisinage tremblaient quand la pesante machine s'ébranlait. « Route d'Italie ! disait-on, depuis le vestibule de la concierge jusqu'à la fenêtre mansardée alliée des toits ; route d'Italie ! Qu'ils sont heureux ! » Et tout le monde rêvait, murmurant Turin, Florence, Rome, Naples, et certes, il y avait de quoi, car elle est bien belle, cette Italie vantée, berceau des Romains et des poëtes sacrés, patrie des arts et des artistes, cette Italie, jeune reine des fleurs et des belles nuits qui, dans les plis de sa tunique dorée, sous son ciel bleu, berce la liberté qu'elle a naguère conquise. Mais ce rêve de nos pères nous pouvons aujourd'hui le réaliser; plus heureux qu'eux, car en quarante-huit heures la vapeur remplace le songe par la réalité. Nos pères, cependant, avaient fait des progrès sur leurs pères à eux; et qui sait aujourd'hui comment voyageront nos petits-fils ? Montaigne, madame de Staël et madame de Genlis ne couraient point la poste avec simples ou doubles guides ; ils voyageaient doucement, lentement, en gens d'esprit contents du présent, et ne hâtaient point l'avenir ; et quels charmants voyages ! on causait, on riait, on parlait des amis absents, on s'arrêtait pour leur écrire, leur conter la chère que l'on avait faite, le vin que l'on avait bu, les rencontres, les incidents, les événements ; on avançait bien peu, mais comme l'on s'amusait !

Ah ! l'on va vite aujourd'hui, très-vite, mais adieu les épisodes, les liaisons, les historiettes ; adieu les descriptions des villes, des vallées, des montagnes ; un peu de bruit, du vent, autant en apporte la vapeur en vous emportant.

Choisissez du coche traditionnel ou du railway, je décline la responsabilité d'un avis ; mais comme il est bon de connaître un peu sa route, il me faut jeter çà et là quelques jalons qui, si vous retournez là-bas, vous indiqueront le chemin à peine aperçu.

Il y a deux routes pour gagner l'Italie, celle de Genève et du Simplon, celle de la Savoie et du mont Cenis, cette dernière tracée et frayée par le général Bonaparte et son intrépide armée. Celle de Genève est peut-être la plus suivie par les touristes ; on y laisse derrière soi successivement Montbar, Genlis,

Dijon, où naquit Bossuet; Coppet, Ferney, colonie créée par Voltaire; à Genève, on voit la maison de Jean-Jacques Rousseau; à Ferney, on voit la chambre où Voltaire, seigneur et haut justicier, distribuait l'équité à ses vassaux, drapé dans une vieille robe de chambre; et quelle équité! Ainsi, un soir, on amène devant lui un braconnier; la cour seigneuriale se rassemble dans son fauteuil et se prépare à juger le délinquant et à le condamner; cependant, il faut des formes au procès et un avocat; c'est M. Mailly-Châteaurenard qui est désigné. Après l'interrogatoire, duquel il ressort que le délinquant a une femme, une mère infirme et six petits enfants, l'avocat plaide, mais dans les yeux du juge impatient il voit sa défaite; tout d'un coup il s'arrête, demande l'autorisation de prendre dans la bibliothèque un livre dont il a besoin, l'ouvre, le feuillette en tous sens, cherche et ne dit rien. « Quel est ce livre, et que cherchez-vous? s'écrie enfin Voltaire irrité. — Ce livre, dit froidement M. Mailly-Châteaurenard, c'est votre *Dictionnaire philosophique;* j'y cherche le mot *humanité*, et je vois que vous l'avez oublié. » Le braconnier fut acquitté, reçut dix francs, mais le mot n'a pas été ajouté aux autres éditions.

Il me semble que, malgré le train express, je n'arrive guère vite à Naples, et que, comme madame de Staël, je conte et cause. Nous étions à Genève, entrons en Italie et courons droit au but, Naples, laissant de côté pour aujourd'hui ses sœurs radieuses : Turin, Florence, Pise, Sienne, Lucques, Rome, Capoue.

Naples la paresseuse, mollement couchée sur son amphitéâtre de collines, nous attire. La voyez-vous, la coquette, étendant ses pieds jusqu'aux flots argentés de son golfe, et inclinant sa tête aux brises tièdes du parfum des orangers et des myrtes ? Naples, cité qui caractérise le type des cités gracieuses, comme ses filles, les brunes et vives Napolitaines, caractérisent le type de la beauté italienne. Naples qui n'envie rien à Rome, la ville éternelle, dont elle est la maison de plaisance.

Margelina et Portici sont les deux extrémités de la ville sur la mer. Les Grecs, attribuant sa fondation à une sirène, la nommaient, de son nom, Parthénope ; pour les Romains, c'était Neapolis.

Naples est située en hémicycle au fond d'une baie qui a soixante-treize milles de tour depuis le cap Minerve jusqu'à la pointe du mont Pausilippe. La ville et les faubourgs ont dix milles de circonférence. Ce qui fixe le premier coup d'œil, c'est la largeur et la beauté de ses quais ; puis, à droite et à gauche, Pouzzoles et son temple de Jupiter-Sérapis, l'amphithéâtre, les ruines du pont de Caligula et le Solfaterra, Cumes et l'antre de la Sibylle, Bauli, Baia et

Misène, qui encadrent de leurs fleurons la couronne de leur reine ; à droite tout à fait, Monte-Nuovo, dont l'origine est due à l'éruption du Vésuve de 1583, qui le fit surgir en trente-six heures. Au milieu de son golfe, au milieu de la mer limpide, un rocher escarpé, surmonté d'un château de forme ovale, le château de l'Œuf, Castel dell' Uovo. Ces deux châteaux, avec le Torrione del Carmine et le Château-Neuf, forment la défense de Naples, protégeant également le port et la rade. Un peu plus loin le fort Saint-Elme, et, surgissant à peine sur une masse de granits noirs, stériles et à pic, Caprée, sentinelle guerrière dont l'île a de grands souvenirs français.

Au fond de ce tableau magique, majestueux sous sa couleur noirâtre, le Vésuve, toujours menaçant. Sa tête conique et fumeuse fait contraste avec ses flancs couverts de la plus riche verdure et parsemés de points blancs, villas riantes et embaumées, reposant insoucieuses sur l'abîme de soufre et de lave. Enfin, plus dans le lointain encore, les montagnes bleues du promontoire de Massa ; à leur pied Castel-a-mare, bâtie sur les ruines de Stabiæ, où Pline l'Ancien périt en contemplant l'éruption du Vésuve qui détruisit Pompeï; au bord de la mer, Sorrente, patrie du Tasse.

Castel-a-mare, aujourd'hui Castellamare, est le plus important des ports militaires de l'ancien royaume des Deux-Siciles. Cette localité, située dans une position charmante, au pied de collines vertes et pleines d'ombre, est rattachée à Naples par un chemin de fer. C'est un lieu de promenades, de rendez-vous, de gaies parties ; on y va visiter le Casino royal, bâti par Charles d'Anjou, et l'usine royale de Pietrarca, destinée à la construction des bâtiments à vapeur, que fournissait auparavant l'Angleterre.

Soit que vous regardiez Naples du château de Portici ou du haut du Capo di Monte, soit que, placé à son centre même, vous contempliez ses extrémités, vous apercevez à l'horizon la mer se confondre avec le ciel et resplendir, sombres ou blanches, les îles de son golfe ; tout pour votre œil est un grandiose panorama : palais, églises, jardins, marbres et fleurs indissolublement mariés sous les feux du soleil ou les clartés mystérieuses des étoiles. Mais si vous voulez admirer plus encore, plonger presque dans l'infini visible, gravissez les sentiers qui conduisent aux jardins des Camaldoli (les Camaldules), à douze cents pieds de hauteur. Les pauvres religieux s'étonnent que l'on monte si haut, et n'ont plus d'émotions à se voir dérouler devant eux : au nord, les vastes plaines de la Campanie, les Abruzzes, Naples tout entière saisie entre Pouzzoles et le Vésuve ; le lac Averne dont Virgile décrit les eaux empoisonnées, et dont les bords commandent le magnifique point de vue de l'arc de triomphe Felice, porte splendide de Cumes; le lac d'Agnano, le Fusaro, l'Achéron des poëtes dont Caron a abandonné le passage, et où maintenant l'obole dû vieux nocher se donne à un hôtelier qui vous sert les huîtres renommées de ce lac; enfin Baies, dont le sol, aujourd'hui si stérile, était jadis si frais, ombragé et riche, que Néron et César y construisaient des temples et des villas.

Des Camaldoli on descend au mont Pausilippe, dont le promontoire sépare Naples des champs Phlégréens. La colline est percée par une route souterraine, la plus ancienne du genre; Strabon en parle et la nomme route ou grotte de Pouzzoles. De cette route au cap Misène, la colline est parsemée de temples, amphithéâtres et ruines antiques. Sur le revers du Pausilippe est, dit-on, le tombeau de Virgile. C'est une chambre carrée et voûtée, sombre et froide. Le monument est couvert de mille arbrisseaux et ombragé de chênes verts. On ne voit plus de traces du laurier que Pétrarque y planta, si ce n'est quelques racines d'origine douteuse; un autre poëte, depuis, a mis un autre laurier, pieux souvenir : c'est un Français, Casimir Delavigne.

Non loin du lac d'Agnano, cratère d'un ancien volcan dont les eaux gardent une odeur et un goût sulfureux, se trouve la grotte du Chien, dont on a fait de fabuleux récits; mais sa renommée s'éteint, et le plaisir de voir souffrir et se pâmer un pauvre animal pour un ou deux carlini est passé de mode.

Naples a son histoire étroitement liée à celle de la Sicile; en 1282 cependant, les Vêpres siciliennes et le soulèvement de Procida la séparèrent de cette dernière, et elle resta jusqu'en 1382 sous la main des princes de la maison d'Anjou. Le siècle suivant la réunit à la Sicile et toutes deux furent un long sujet de guerres entre la France, l'Espagne et l'Empire.

La branche espagnole des Bourbons était maîtresse des deux, lorsqu'en 1805 son dernier roi dut se retirer en Sicile. Napoléon Ier donna alors Naples à son frère Joseph, puis en 1808, trois ans après, à Joachim Murat. En 1815 l'ancien régime fut rétabli jusqu'aux événements contemporains.

Naples, dont la vue est si belle et si suave et présente un si gracieux spectacle, fut, un jour de 1808, appelée à un spectacle moins paisible mais solennellement imposant, dont le souvenir touche à sa vie de traditions, et auquel sa population entière applaudit. Joachim Murat était bien roi de Naples et de la Campanie, mais un point noir le troublait : c'était Caprée et ses pics réputés inaccessibles; Caprée qui fermait le golfe et où Hudson Lowe était établi et approvisionné avec deux mille hommes de troupes anglaises. Le roi fit part de son souci au général Lamarque, arrivé de la veille. « Combien sont-ils?

demanda le général. — Deux mille. — Donnez-moi quinze cents hommes choisis. — Et vous prendrez Caprée? — Oui, Sire, demain! »

Le lendemain, Lamarque embarquait ses quinze cents hommes sur une frégate et deux transports, une heure après il faisait le tour de Caprée. Partout des rochers gris, secs, perpendiculairement plantés; pas une crique, pas une encoignure. Lamarque avait dit: « demain! » et la journée s'avançait; il voit un bloc moins élevé que les autres, fait appliquer une échelle: elle n'arrivait point au tiers de la hauteur; une seconde y est liée : il s'en faut encore de vingt pieds; une troisième s'adapte et, vacillante sur sa triple alliance, atteint le rocher.

Sûrs de leur position, ne pouvant tirer du reste, les Anglais riaient de ces préparatifs. Un soldat se présente, Lamarque l'arrête lui disant : « Ou vas-tu? Après moi! » Il monte. Ils montent cinq, dix, vingt. Hudson Lowe a compris qu'il n'est rien d'impossible à de tels hommes; le combat s'engage sur quelques mètres carrés. Bientôt les Français sont cinq cents; Lamarque fait arrêter l'ascension, se fortifie, s'abrite. Le feu est trop meurtrier, il faut attendre la nuit; elle arrive, ce qui reste de troupe escalade, et son lieutenant monte le dernier, renversant l'échelle. La flottille regagne Naples. Caprée sera un tombeau ou une victoire, on ne se rendra pas! Le lendemain, quand le jour éclaire le sommet de Caprée, le drapeau tricolore flotte sur le fort; Hudson Lowe et ses deux mille hommes se sont rendus aux sept cents soldats restés valides de Lamarque, et Naples, ivre de joie, éclate en vivats, et enregistre, vivante dans son cœur, cette épopée fantastique.

Plus tard, quand Hudson Lowe, espion et geôlier, insultait le Prométhée attaché au rocher de Sainte-Hélène, pour toute vengeance le captif lui rappelait Caprée et le renvoyait honteux.

Murat fit beaucoup pour le royaume de Naples : il créa une armée nationale, une loi de conscription, institua la cocarde et le drapeau napolitains de couleurs blanche et amarante, fonda une école polytechnique, une école de marine, une fonderie de canons, et, introduisant dans son armée deux mille officiers français, se trouva bientôt à la tête d'une force militaire de quatre-vingt mille hommes d'infanterie et de dix mille de cavalerie. Ses correspondances et sa lettre au duc de Bassano, 28 octobre 1809, datée de Portici, témoignent de ses travaux assidus pour la prospérité de ses sujets. Mais sa fortune changea. Dès le 14 mai 1814, les lazzaroni, soulevés par l'or de l'Angleterre, avaient forcé la reine Caroline à signer une capitulation avec le commodore Campbell, et quand Joachim Murat rentra dans son palais, pendant la nuit du 19 au 20 mai, il n'était plus roi, il était fugitif. Plus grand que l'infortune, il ne prononça que ces mots qui étaient à la fois un regret et une excuse à la sœur de l'empereur : « Madame, je n'ai pu mourir ! ! ! »

Entrons dans Naples, et visitons l'écrin de joyaux monumentaux et artistiques de cette cité dont les Napolitains sont si fiers, qu'ils ont dit et fait passer au rang des proverbes ces mots : « *Vedi Napoli e poi muori !* » Voir Naples et puis mourir !

En vérité, la passion est dans cet amour patriotique que les étrangers comprennent avec une modification finale, disant : « Voir Naples, s'en enivrer et y vivre ! »

La cité se divise en douze quartiers ; le plus beau, celui de Chiaja à l'ouest, est couvert de superbes hôtels, palais, et se termine par un quai ou plutôt une promenade d'orangers, de citronniers, de myrtes. Des jardins, des gazons et des fontaines d'eaux vives y répandent les parfums et la fraîcheur. Ces eaux sont amenées dans la ville par un aqueduc qui part du pied du Vésuve ; un autre, celui de Carmignano, arrive par Capo di Chino. Au centre, les rues sont plus étroites ; les maisons en pierre, fort élevées et couvertes de terrasses : c'est ce que nous appelons les toitures à l'italienne ; le besoin d'air, de fraîcheur et de vue sont une raison de cette sorte de constructions locales. Le pavé des rues est en dalles noires taillées dans la lave du Vésuve.

Le premier des bâtiments dont le cicerone vous fait les honneurs est le Palais royal, bâti sur les plans de l'architecte Dominique Fontana. C'est un immense bâtiment, un peu trop massif, long de six cents pieds, portant vingt-deux croisées et trois larges portes ornées de colonnes de granit. Il est flanqué à droite et à gauche de deux autres palais; l'un est réservé par le roi pour les étrangers illustres, ses hôtes; l'autre appartient au prince de Salerne. La place qui est devant ces palais est la plus belle de Naples; elle a deux statues équestres de Canova : celle de Charles III et celle de Ferdinand Ier. Parmi les grands monuments on compte encore le Castel Nuovo, lourd édifice qui rappelle la Bastille, mais dont la masse est relevée par le bel arc de triomphe d'Alphonse Ier d'Aragon, ouvrage estimé du quinzième siècle. La Villa Reale et son temple circulaire de marbre blanc bordent la mer au milieu des acacias, des myrtes, des orangers; elle possède de belles fontaines et serait une ravissante promenade publique, mais elle n'est ouverte au peuple qu'une fois par an, le 8 septembre, fête de la nativité de la Vierge. Il s'y trouve un bassin creusé dans un seul bloc de granit d'Orient de dix-huit pieds de diamètre. Les théâtres de Naples sont fort beaux; Saint-Charles, l'un des plus grands d'Europe, est consacré aux opéras; son architecture est d'un goût médiocre, mais son aménagement intérieur aux lumières présente un aspect ravissant. Viennent en seconde ligne les Florentins, la plus ancienne salle, et le joli théâtre del Fondo, pour la comédie et le vaudeville, et enfin San Carlino, la salle du Polichinelle chéri des Napolitains, leur ami indispensable. Ses représentations, qui ont lieu deux fois par jour, n'exhibent pas des marionnettes, mais bien de vrais acteurs, fort alertes et fort intelligents.

Naples enferme dans son sein 257 églises ou chapelles, et le plus étrange, c'est que pas une n'a une structure ni un portail dignes de l'Italie. Parmi les plus remarquables, la cathédrale, qui porte les noms de Vescovado et San Gennaro (St-Janvier), est bâtie sur les ruines d'un temple d'Apollon. On remarque à l'intérieur le tombeau de Charles d'Anjou, celui du roi André, époux de la célèbre Jeanne qui, dit-on, le fit assassiner, et le tombeau de Jeanne elle-même. Viennent ensuite l'église de Gesù-Novo, la plus élégante; celle du couvent de Sainte-Claire, la plus frivole, bien qu'elle serve de sépulture aux membres de la famille royale, et celle de Saint-François de Paule. Cette dernière est d'une architecture médiocre, mais renferme néanmoins des morceaux de sculpture dignes d'intérêt. Dans la petite chapelle de San-Severino on voit un Christ dans son linceul et une statue voilée de la Pudeur d'une exquise finesse de travail. Les ordres religieux sont en grand nombre, on y compte cinquante-deux couvents d'hommes et vingt-quatre de femmes.

Après les églises, nous parlerons des *Studj* (les Études), immense corps d'édifices contenant la bibliothèque et le musée. La bibliothèque renferme 150000 volumes et 3000 manuscrits. Rien de plus riche, de plus complet et de plus curieux que le musée; il y a peu, et cela ne peut sembler étrange, de collections antiques aussi curieuses. Parmi les statues du musée on cite comme remarquables chefs-d'œuvre la *Vénus Callypige*, l'*Hercule colossal* de Glycon, statuaire grec. Lors de la découverte de l'Hercule de Glycon, il se trouva que la statue était entière, moins les deux jambes. Michel-Ange, jeune alors, fut chargé de les refaire; il prit le ciseau et le marteau et se mit à l'œuvre; mais la vie ne venait point au marbre malgré ses efforts, et, dans un moment de colère, il brisa son ouvrage. Depuis, les jambes furent retrouvées et rapportées au tronc. On y a placé aussi le *Taureau Farnèse* et l'*Aristide*, la plus belle statue connue. Le musée des petits bronzes passe aussi pour une collection rare et complète de meubles, instruments, ustensiles.

La verrerie antique atteint le chiffre de 1200

2.

objets, et les vases de poterie et diverses matières sont au nombre d'environ 2 500.

Les fouilles faites à Herculanum et à Pompéi n'ont pas peu contribué à enrichir ces divers musées. Le musée de peinture est moins considérable ; il ne contient guère que deux mille tableaux anciens des artistes des écoles italienne et napolitaine.

Il se trouve encore dans la ville plusieurs autres bibliothèques publiques : la Bracacianna, qui a 30 000 volumes, puis la bibliothèque Ministérielle, celle de l'Université, celle du couvent de Saint-Philippe de Néri, enfin celle du marquis Taccone, qui appartient aujourd'hui au gouvernement.

Le vieux palais de' Tribunali renferme les précieuses archives de l'ancien royaume de Naples.

Après la place du Palais-Royal, les places les plus remarquables sont celles du Castello et de l'Archevêché.

L'usurpation, ainsi qu'on a qualifié les règnes de Joseph Napoléon et de Murat, avait donné de bonnes leçons à la légitimité ; elle sut en faire profiter Naples. La ville possède aujourd'hui une université, quatre ou cinq écoles secondaires, cinquante-cinq écoles primaires ; le nombre des professeurs et maîtres enseignant publiquement dépasse seize cents. Elle a deux écoles militaires, une école de marine, une académie nautique, une école vétérinaire, un conservatoire de musique, un observatoire, un jardin botanique et des salles d'histoire naturelle, soixante établissements de bienfaisance, plusieurs sieurs sociétés savantes, dont la plus célèbre est l'Académie bourbonique. Ses hôpitaux sont au nombre de onze, et on y trouve aussi quatre cliniques pour la médecine, la chirurgie, les accouchements et les ophthalmies. La reine Caroline avait fondé pour les filles une école sur le modèle de l'Institution impériale d'Écouen; depuis, deux autres ont été établies : celles de Saint-Marcelin et de Saint-François. Naples n'est plus la ville indolente où trente mille lazzari dormaient à l'ombre des portiques. Les lazzari sauvages, à peine vêtus, ont disparu. Les lazzaroni sont facchini. Le commerce, l'industrie, ont donné la vie à ce peuple, qui, heureux de son climat, de son soleil, de ses nuits tièdes, vit de peu. Le lazzarone s'habille aujourd'hui, peut-être est-il moins pittoresque, mais il est plus décent; il a une chemise, un caleçon et un gilet à manches et à capuchon quand il fait froid; il ne dort plus le jour et la nuit sous les vestibules; il est bourgeois, citoyen et locataire; un jour prochain il sera petit marchand des rues, puis prendra boutique et passera commerçant. Naples, en effet, a ses industries, ses branches de trafic; elle fabrique les étoffes, les rubans, les bas de soie, les savons parfumés; ses instruments à cordes sont très-estimés; ses fleurs et ses chapeaux de paille sont recherchés; elle travaille aussi les gants, la passementerie, l'orfévrerie, la faïence. Le visiteur, le curieux qui veulent emporter un modeste souvenir trouvent de charmants ouvrages en corail et des camées en pierre du Vésuve, taillés et montés sur or de bas titre, dit or de Naples. Enfin, un de ses plus importants produits est dans l'exportation de ses macaronis et de ses pâtes. Ceux de Torre del Greco et d'Amalfi sont réputés supérieurs. Dès 1840, elle comptait déjà cinquante-deux imprimeries. Sa population sédentaire dépasse aujourd'hui quatre cent dix-huit mille âmes; vingt-cinq à trente mille étrangers la visitent et y séjournent annuellement; de plus, elle a sa garnison.

Qui n'a pas vu la rue de Tolède un dimanche ne peut se faire une idée du mouvement vital de la cité napolitaine. Gaie, active, heureuse de sa santé et de sa vie facile, la foule serrée, compacte, semble onduler par flux et reflux, sans interruption, sur une étendue de plus de deux kilomètres, et à travers ces masses, rapides comme l'éclair, circulent trois ou quatre cents voitures aux essieux dorés, et jamais il n'arrive d'accident. Le Napolitain, sans se retourner, devine le danger, appuie et presse son voisin de l'épaule (le mouvement est insensible), la voiture glisse et le flot humain reprend sa place. Tout le long de cette rue, qui semble une foire perpétuelle, passent et repassent les petits industriels : l'aquaïolo et sa boisson glacée, le facchino et ses figues, le bateleur, polichinelle, les marchands de pastèques, d'oranges. Puis les boutiques qui bordent s'ouvrent aux débitants de macaroni, aux confiseurs dont le talent est célèbre, et qui excellent surtout dans la fabrique des diavolini. Ainsi vit, rit, chante et boit Naples la joyeuse, Naples la vivante, et ses bruits ne troublent point Naples la morte, la ville souterraine avec ses catacombes et ses tombeaux.

Sous le Capo di Monte règne une autre ville silencieuse et froide qui s'étend sur une longueur de deux milles. En 1788, on bâtit une église à l'extrémité du promontoire, puis un hôpital, tous deux réservés aux malfaiteurs : c'est le vestibule des Catacombes, leur seule entrée aujourd'hui, car autrefois elles étaient liées à un grand nombre d'églises de Naples par des escaliers secrets; des scandales en advinrent, et l'on fit murer les passages. Ces souterrains restent ouverts à la curiosité publique : ce sont des galeries taillées dans une roche volcanique sablonneuse, et formant des salles, des chapelles, rotondes, chambres, impasses; il semble que ce sont d'anciennes carrières que les premiers chrétiens persécutés consacrèrent à leur culte et à leurs sépultures. A l'entrée est une salle plus vaste que les autres, qui, sous Constantin, servit à la sépulture de saint Janvier. L'autel et le siége épiscopal sont taillés dans le tuffa volcanique; un escalier conduit à un premier et un deuxième étage; partout, sur le parcours des tombeaux, des niches et des ossements humains. Au deuxième étage, une vaste église dont les piliers, les arcades, l'autel et la chaire sont également taillés à vif dans la roche. Les catacombes de Naples sont moins dangereuses que celles de Paris, et présentent un intérêt bien plus grand.

Le meilleur cours d'antiquités que l'on puisse faire est la visite de Pompeï et d'Herculanum, détruites l'an 79 de l'ère chrétienne : la première engloutie sous une pluie de cendres, la deuxième par des courants de lave. Pompeï ne fut pas recouverte d'un seul coup; ses habitants eurent le temps de fuir, de revenir, d'enlever les objets les plus précieux. Cette opinion repose sur ce qu'on compte distinctement huit à dix couches de cendres, qu'on y a trouvé peu de squelettes et presque pas d'argent ou de monnaies. On peut maintenant visiter Pompeï, suivre sa voie principale garnie de larges trottoirs et bordée de nombreux tombeaux; on voit sur la chaussée la trace des chars. La plupart des maisons, deux théâtres et un amphithéâtre sont maintenant à découvert. En parcourant les rues, on voit que l'usage ancien était d'écrire au-dessus de la porte les noms des locataires. Les casernes sont parfaitement conservées, et il apparaît sur les murs des dessins incorrects dus au stiletto des soldats romains oisifs. Paris possède, avenue Montaigne, n° 9, une maison pompeïenne. Elle a été réédifiée avec les morceaux de quatre-vingt-trois maisons d'Herculanum et de Pompeï. Son portique est à colonnes et à niches; et, dans ces dernières, il y a deux statues en bronze de Minerve et Achille, la prudence et le courage. Le pavé du vestibule est en marbre découpé de différentes couleurs. L'atrium, la pièce de cérémonie des anciens, est orné de fresques imitées de l'antique; après viennent le compluvium, la salle à manger, la bibliothèque et les bains. En 1831, on débarrassa de son linceul de cendres la maison d'un préteur; en 1835, on trouva vingt-neuf médailles d'or des premiers empereurs et quatorze vases d'argent d'un travail admirable.

Les premières découvertes concernant Pompeï sont de 1759. Celles d'Herculanum, un peu antérieures, sont de 1713; en creusant un puits à Portici, on tomba sur un théâtre; puis après on put extraire les statues d'Hercule et de Cléopâtre. On ne peut visiter Herculanum comme Pompeï, et on ne distingue rien qu'à la lueur des torches.

Mais après avoir parlé des victimes, parlons un peu du terrible despote qui les a faites, du menaçant et sombre voisin de la belle Naples, du mont Vésuve.

Le Vésuve est le chef de tous les volcans d'Italie. Aussi actif qu'il y a dix-huit siècles, il est le seul de l'Europe qui rejette des roches de différentes natures sans les altérer. Le point le plus élevé de sa cime est à une hauteur de 3800 pieds. Lors de l'éruption de 1822, il s'affaissa sur lui-même de plus de 100 pieds, et chaque fois son cône se modifie. La première éruption a eu lieu en 63, et la seconde, la plus calamiteuse, en 79; on en compte du reste 81 jusqu'à celle d'août 1834; les principales ont éclaté en 203, 472, 512, 685, 993, 1036, puis vinrent, accompagnées de lave, celles de 1049, 1138, 1306, 1500, 1631, cette dernière, la plus violente après celle de l'an 79; enfin, plus récemment, celles de 1822 et 1834.

L'histoire de ses éruptions peut se lire dans les couches de lave adhérentes à son parvis intérieur. Le mont Somma, qui était le sommet du volcan du temps de Strabon, l'entoure aujourd'hui et n'en est séparé que par la colline volcanique de Cantaroni. Sa matière est de roche ignée. Près de la bouche du cratère, la lave est sonore et résonne sous les pas; des vapeurs brûlantes s'infiltrent et s'échappent par des petites crevasses tapissées de soufre en efflorescences qui prennent feu si l'on en approche quelque matière incandescente.

La Padimentina, avec la Somma, complète la ceinture du Vésuve. Entre la Somma et le cône du volcan est une vallée appelée l'Atrio del Cavallo, le vestibule du Cheval. C'est là que les visiteurs qui montent au cratère font halte pour se rafraîchir, et laissent leurs chevaux ou mulets, désormais inutiles et dangereux.

Cet endroit était autrefois habité par des moines; des aubergistes leur ont succédé. Après la fatigue de l'ascension, les cavalcades et les piétons envahissent la maison, demandant des réconfortants et des rafraîchissements dans toutes les langues du monde. C'est la dernière étape avant le cratère.

La base du Vésuve se compose de petits cratères et de vallons, parmi lesquels la Costa della Tofa, la Costa del Gando, le Vallone della Pieta, dell' Angelo et di Constantinopoli.

Au-dessous de cette base s'étend une vaste plaine divisée en propriétés de peu d'étendue, mais d'une fertilité inouïe. La richesse de ce sol est telle que la culture d'une lieue carrée peut, d'après les calculs faits, suffire abondamment à la nourriture de 5 000 habitants. Les cendres du volcan fécondent de leurs chauds résidus la vigne célèbre qui produit le *lacryma christi*. On s'étonne, au premier abord, de la sécurité des gens qui ont bâti leurs maisons, vivent et dorment sur un sol si capricieux, si voisin de la montagne de feu; mais on s'explique bientôt leur calme et leur assurance. Quand, en effet, une éruption doit avoir lieu, le monstre granitique s'agite, la terre est ébranlée, un bruit sourd se fait entendre, les puits tarissent, les animaux sont frappés de stupeur, et l'homme, prévenu, a le temps de fuir. Pourquoi donc se priverait-il des produits de cette terre fertile, quand il peut sans danger jouir de ses bienfaits?

Il est une remarque utile aux ascensionistes, amants des grands spectacles de la nature, c'est qu'il ne faut pas chercher à voir le lever du soleil du haut du Vésuve : de hautes montagnes arrêtent la vue, et les rayons de l'astre n'atteignent que longtemps après son lever les lèvres du cratère ; mais en revanche, vu de la maison des Ermites, son coucher est splendide : il laisse embrasser à l'œil l'immense horizon de la mer, des montagnes lointaines, des îles et le panorama de Naples qu'il teinte en rose de ses derniers feux.

Les jardins et les campagnes des environs ont une végétation luxuriante : orangers, aloès, myrtes, grenadiers, lauriers, jasmins, vignes et oliviers sont en travail incessant. Tout dans cet heureux pays semble privilégié.

La nature sourit à ceux qui la cultivent, et eux sourient à ses dons variés et constants. Tout y est motif à la joie, aux fêtes : la moisson, la vendange, le labour, l'ensemencement ; mais les plus splendides, les plus gaies, les plus traditionnelles, sont les fêtes des moissonneurs et des vendangeurs. Ne faut-il pas verser un peu de joie, de rires et de chants sur les produits des durs travaux qu'ont menés leurs bras robustes; durs travaux, car la terre généreuse qu'ils ont fouillée est sèche et difficile à fendre. Le soleil et les cendres du volcan l'ont faite presque pierre; mais la tâche pénible est oubliée, sur le sol et sur les chars s'amoncèlent les blonds épis, les gerbes dorées. Adieu le souci, salut au plaisir, il faut danser et chanter avant le retour, il faut accueillir joyeusement la moisson, fille vigoureuse de leur terre chérie.

Alors huit moissonneurs viennent et forment un cercle, entrelaçant leurs bras nerveux; huit jeunes filles s'élancent sur leurs épaules, s'y maintiennent, tandis qu'au son de la zampanola, flûte champêtre, d'autres couples dansent, font mille évolutions autour du cercle et glissent sous les bras des danseurs. Puis la danse s'arrête, chacune des huit jeunes filles à son tour descend au milieu du cercle et chante afin de mériter la gerbe de blé, prix de son talent. Enfin, à un signal donné, ses mains se désunissent, et chaque danseur reçoit dans ses bras celle qui était sur ses épaules. Les fêtes de la vendange, et pour cause, sont peut-être plus bruyantes, mais à coup sûr elles ne sont ni plus poétiques, ni plus gracieuses. Mais si la poésie s'enfuit effrayée, elle n'est cependant pas chassée par les Bacchanales. La gaieté y est surexcitée, et il ne faut en accuser que le soleil napolitain et ces grappes jaunes ou vermeilles, qui, quelques jours après, changent de forme et de nom pour s'appeler lacryma-christi, falerne, pouzzoles, procida, capri.

Ce qui ajoute au charme de ces tableaux, c'est l'extérieur mâle et vigoureux des danseurs, la légèreté élégante de leurs compagnes; l'éclatante bigarrure des costumes aide encore à la mise en scène.

Les Napolitaines ceignent leur taille ondulante de deux pièces d'étoffe rouge et verte qui tranchent sur leurs corsages blancs lacés de velours, leurs jupes sont courtes et à plis nombreux, leurs cheveux d'ébène sont retenus par une épingle d'argent, et leurs grands yeux noirs contrastent avec l'éblouissante blancheur de leurs dents. Les femmes de Sorrente, devant le berger Pâris, eussent conquis la pomme ; leur luxuriante chevelure, leur désinvolture souple et hardie, en font des modèles pour la statuaire.

Nous aurions tort d'omettre parmi les types du peuple napolitain l'enfant du golfe, marin, pêcheur ou gondolier, aux bras bruns semés de veines saillantes, à la figure hâlée, coiffée du petit bonnet rouge pointu, toujours chantant, dansant sur ses pieds nus, fendant la vague pour le moindre motif et dormant sur la grève, au soleil qui va le sécher ; intelligent, brave, faisant tous les métiers, et s'inclinant au nom de Mas' Aniello, comme don Ruy Gomez de Sylva devant un aïeul.

Le pêcheur, dans le golfe même, trouve des ressources abondantes pour sa famille et la vente de la ville ; il est heureux quand ses filets remontent lourds, il est encore content quand ils sont légers. Le poisson du golfe, faute de communications faciles, s'exportait peu il y a quelques années ; les chemins de fer vont donner une nouvelle activité à cette branche du commerce de Naples. Les poissons dont la pêche est la plus profitable sont le mulet, l'espadon, l'anchois, le thon voyageur qui entre dans la Méditerranée entre juin et août. Les Napolitains recherchent aussi les coraux dont le rouge, dans ces parages, est d'un vif très-estimé, et la pinne marine, le plus grand de tous les mollusques bivalves, qui porte une longue soie rougeâtre, d'une finesse extrême, dont la ville de Reggio fait de charmantes étoffes.

Le gondolier napolitain est l'ami des étrangers, quelquefois leur confident : il est aveugle et sourd quand il conduit sur les lames dormantes la signora et son patito ; il chante bruyamment pour faire perdre le sens des mots murmurés. Entend-il, n'entend-il pas ? je ne sais, mais il est muet, même en l'absence du ducato.

Laboureurs ou matelots portent la chemise blanche ou rayée, la culotte large et flottante et les ceintures de vives couleurs. Le reproche de paresse et d'indolence qui a longtemps pesé sur eux est injuste, et s'ils travaillent effectivement peu, c'est que sous leur climat doux ils ont moins de besoins ; ils sont sobres et se contentent de peu : trois sous de macaroni de notre monnaie peuvent rassasier le plus avide appétit ; ils ajoutent à cette dépense deux liards de cocomero, un liard de Sambuco, et gardent un liard pour l'improvisateur. L'eau glacée est leur seul luxe, luxe indispensable. Le gouvernement tient la main à pouvoir livrer la glace à bas prix. Les montagnes neigeuses de Castellamare la fournissent. Plus nécessaire que le pain dans d'autres contrées, son défaut, même un jour, ferait soulever le peuple napolitain. La rue a ses spectacles et ses acteurs, les orateurs en plein vent, les histrions, les improvisateurs ; le peuple a ses narrateurs de prédilection et ceux-ci leurs clients assidus; chez ces derniers, le scenario de la strada Nuovo, de la strada de Tolède ou de la place du Castello, acquiert tous les signes caractéristiques de la passion; ils écoutent suspendus aux lèvres de l'orateur, applaudissent, acclament; et rendons cette justice à l'Italie, à part quelques farces demi-politiques, on n'entend que des stances et des vers des grands poëtes, et jamais de plates et sales niaiseries. L'Arioste et le Tasse n'ont jamais fatigué l'oreille du Napolitain; il suit les fortunes diverses des héros qu'a créés le poëte, il gémit ou combat avec eux, et son enthousiaste n'a plus de bornes au récit des exploits de Roland. D'autres racontent des histoires en prose tirées des traditions chrétiennes ou des phases de la splendeur romaine. Enfin viennent au premier rang les improvisateurs; ils annoncent un sujet et le traitent en prose ou en vers; leur prose même a quelque chose de cadencé qui flatte l'oreille. L'improvisateur réunit toujours autour de lui un auditoire nombreux; ses sujets sont neufs, il ne se répète que rarement, il a de la verve, du geste, son mouvement a de l'action. Quelle différence entre les orateurs entraînants des rues de Naples et les froids parleurs des meetings anglais! L'orateur italien est toujours moral, sa finale couronne toujours la vertu; il n'injurie pas, ne médit pas. Nos Paillasses, maigres, sales et mal peignés, devraient bien aller à Naples apprendre à être moins sots, et s'engraisser de macaroni. Les orateurs de rues recueillent d'assez rondes sommes en liards ou pauli, et aussi, après leur séance terminée, des félicitations, des serrements de main, des embrassements. Heureux hommes qu'on écoute quand ils racontent de chastes histoires! heureux auditeurs qui préfèrent les échos du ciel à ceux du ruisseau!

Naples elle-même a donné le jour à des poëtes, Stace, Sennazar et Marini, au sculpteur Bernini, au peintre Salvator Rosa, au compositeur Pergolèse, à Borelli, le savant mathématicien.

Naples et ses campagnes ont vu successivement s'éteindre le brigandage et la mendicité; plus n'est besoin, de Naples à Rome, d'une escorte de carabiniers pontificaux, et fort heureusement, car l'escorte ne servait qu'à indiquer votre valeur de voyageur, et les carabiniers, certains de n'être pas ménagés par leurs ennemis-nés, s'enfuyaient au bruit de la première escopette, vous laissant rançonner ou dévaliser. Les marais Pontins ne sont plus des repaires, mais une belle promenade. Fra Diavolo n'est plus qu'un souvenir que cherchent inutilement et à grands frais à ressusciter les ennemis de l'unité italienne. De tous ces progrès dans les voies de sécurité, de bien-être et de plaisirs, il est résulté pour Naples un grand accroissement de sa population flottante cosmopolite. Pour l'étranger malade, le climat est sain, le ciel doux, les brises molles, l'air embaumé; pour le curieux, le savant, l'archéologue, le numismate en pierre ou en bronze, dans des salles ou en plein jour s'ouvrent des livres inépuisables de trésors que le plus infatigable travailleur ne parviendrait pas à parcourir dans une longue carrière. Les oisifs, les heureux de ce monde y rencontrent l'Eldorado *desirato* de leurs rêves de multiples jouissances. Fleurs, musique, mer limpide, soleil chaud, nuits transparentes et tièdes, sourires partout de la part de la nature, des hommes et de leurs inventions. Aimable pays, habitants bienveillants, société de contrées si variées qu'elle est toujours une curiosité, société d'élite qui fond par les relations du monde la glace des préjugés natifs. A peine si l'on s'est vu et l'on se cherche, le plaisir fait les avances, la sympathie rapproche. Telles familles n'ont passé qu'une années, une saison à Naples, qui y sont toujours depuis restées en relation charmantes. De cette multiplicité d'origines, de ce besoin de causer et d'échanger les sentiments gais qu'inspire ce ravissant pays est né dans la société étrangère l'usage des pique-niques, parties de campagne délicieuses où chacun apporte son plat, son offrande en nature ou son écot; d'où l'on revient toujours avec une courbature et souvent avec un ami ou une fiancée inconnus la veille. La société napolitaine riche, titrée, puissante, s'ennuie un peu de sa trop paisible félicité; elle se mêle aux pique-niques, ouvre hospitalièrement les portes de ses palais blancs, et quand vous, étranger, oiseau de passage, vous quittez Naples, vous emportez des regrets et vous laissez des souvenirs.

La vie à Naples est à bon marché comme appartements et nourriture, bien toutefois que l'étranger ne soit nullement contraint d'adopter le macaroni et le cocomero, et n'ait pas l'intention de vivre en partie comme le Napolitain de son air vivifiant. Chaque nation y trouve le comfort qui lui convient : l'Anglais ses roastbeefs, l'Allemand sa bière, et la *furia francese* y a introduit ses cuisiniers. Les principaux hôtels sont dans la strada Toledo, la strada Santa Lucia et le quartier de la Chiaja. L'auberge de *la Victoire* et celle de *la Grande-Bretagne* sont très-fréquentées. Le quai de Sainte-Lucie est sans rival comme habitation; il plonge dans le golfe son rivage et embrasse tout le paysage depuis le Vésuve jusqu'à Sorrente. Les tracasseries de police et de douanes sont des mythes du passé. On comprend de nos jours que celui qui vient demander à Naples son soleil apaisé par les brises de mer et ses nuits calmes et étoilées ne veut pas renverser une dynastie, et que, quel que soit le drapeau dont son cœur reflète les couleurs, il n'entend le faire flotter ni sur le château de l'Ouf ni sur Caprée. Aussi le retour des étrangers est-il attendu comme celui des hirondelles dans nos pays, Naples revêt ses habits de fête et prépare ses bouquets, dont les fleurs entr'ouvertes semblent dire : « Amis de toutes les contrées, soyez les bienvenus! peuple, ville, golfe et montagnes vous saluent! amis, vivez de notre air et de nos sourires! »

Mon dernier souvenir de Naples a huit jours de

date ; il a été réveillé par la rencontre d'un de mes amis, homme de lettres et d'épée ; il était pâle et vêtu d'un deuil sévère, empreint d'une tristesse qui repousse l'interrogation ; il maudissait Naples...

Quant il eût parlé librement, je compris que ce n'était pas la ville parfumée qu'il semblait ainsi haïr, mais le malheur qu'avait causé dans sa famille l'absence loin de cette ville.

Volontaire de l'armée de Charles-Albert, il avait, après la bataille de Novare, été transporté blessé à Naples, et accueilli dans une famille italienne. Soigné et fêté, il était resté six mois dans la maison, et sa garde la plus assidue avait été une enfant de onze ans, brune, vive, pétulante comme les jeunes napolitaines, ces cousines du Vésuve, douce comme une madone, suave comme une fleur des bords du golfe. Elle s'appelait Carlotta, et lui la nommait *Petite fleur d'oranger*. Il fut son maître de français, guérit et partit. Elle avait, ai-je dit, onze ans, il venait d'atteindre sa vingtième année, il partit et oublia...

Dix ans après, le canon de Magenta réveilla Charles D... Il était auprès de Victor-Emmanuel. Le *brutal*, comme disent nos zouaves, lui envoya une de ses premières caresses : un boulet ricochant lui broya l'épaule. Il fut évacué sur l'hôpital de Naples, où, durant quatre mois, il souffrit sans conscience du mal, sans idée de la vie ; cette torpeur vint en aide à l'art des chirurgiens, il fut déclaré sauvé, commença à vivre et en même temps à sentir la douleur. Or, un matin, qu'il sommeillait à demi, il s'aperçut qu'on touchait son épaule, une main légère déroulait l'appareil, pansait les plaies; puis, quand la fraîcheur du pansement se mit à agir, il ouvrit les yeux, mais aussitôt les referma, se mit à trembler et s'évanouit... seulement il eut le temps de prononcer ces mots : *Petite fleur d'oranger!*

Allons aux dénoûments, car si l'un est touchant, l'autre est affreux. Charles D... épousa, six mois après, Carlotta, deux fois sa fidèle infirmière. Durant trois ans il eut toutes les heures de la vie belles et riantes; il eut deux jolis enfants turbulents et aimants. Mais bientôt les affaires le rappelèrent à Paris, l'avenir de sa famille le voulait; ils vinrent tous et y passèrent l'hiver dernier. La fleur du golfe napolitain manqua d'air, elle se fana lentement, s'inclina sur sa tige et s'effeuilla, et voilà pourquoi ce jeune veuf de trente ans, fou dans sa douleur, maudit Naples au lieu de maudire Paris, Naples où il a envoyé tout ce qui reste de Carlotta morte, et ses deux pauvres enfants, Naples où il viendra bientôt vivre, pour eux, près de celle qu'il a aimée et n'oubliera jamais.

Paris. — Typ. de Cosson et Comp., rue du Four-St-Germain, 43.

www.ingramcontent.com/pod-product-compliance
Ingram Content Group UK Ltd.
Pitfield, Milton Keynes, MK11 3LW, UK
UKHW020112240726
13926UKWH00011B/443

9 782013 632218